대낮의 꿈이
꽃잎에 머물다

임영선 시집

대낮의 꿈이
꽃잎에 머물다

문경出판사

시인의 말

외로움의 시간이 길었다. 침묵 너머로 언어가 파고들었다.

평소 시 쓰기 작업을 할 때 사물과 자연을 본질 그대로 보려고 했다. 특히 대상물의 이미지화 하는 과정에서 그 대상을 왜곡하고 편협한 시선에 몰아넣는 실수를 범할까 두려웠다.

오래전에 써 놓은 시, 최근 들어 쓴 시 모두 평화 협상을 맺고 의기투합하여 한 권의 시집으로 뭉쳤다. 울컥하여 책장을 못 넘기는 시집이 많았다. 많은 시인을 사랑했다. 그 감동의 고운 결에 나도 낄 수 있다면…… 바랬다.

많은 것을 생각했다. 나의 시에 대해, 그 사이 몇 년이 흘렀다. 오래된 망설임을 떨쳐내도록 북돋워 주신 분들께 감사드린다.

2022년 10월
임영선

차례

■ 시인의 말 · 9

제1부 어느 봄날

17 · 어느 봄날
18 · 풍경風磬
19 · 별리
20 · 바람
21 · 사마귀
22 · 진달래
23 · 영은사에서
24 · 어느 풍경
25 · 단풍
26 · 상추
27 · 노각
28 · 코스모스 1
29 · 코스모스 2
30 · 들꽃 향기
31 · 멍
32 · 사랑 하나
33 · 강가에서

제2부 다섯 번째 계절

37 · 봄밤의 오마주
38 · 무말랭이
39 · 옹기
40 · 낡은 옷 같은 사람이고 싶다
41 · 채송화
42 · 제2권
43 · 다섯 번째 계절
44 · 그런 봄이라면
45 · 천성
46 · 밤을 까면서
47 · 거울
48 · 그림자
49 · 사기그릇
50 · 흉터
51 · 편지
52 · 달걀 한 판
53 · 당부
54 · 한 달 즈음

제3부 　혼자 가는 길

57・조우
58・삽화
59・네 생각
60・수박
61・양파
62・나방의 유전자
63・첫 삽
64・수다쟁이
65・밤에 나무는
66・감정선
67・새끼발가락
68・등대
69・반려견
70・가을 나무
71・치레
72・참, 무안한
73・혼자 가는 길
74・밥상
75・존재로 살아가기
76・경계 그리고 해방

77 · 꽃다지

제4부 꽃 피우고 싶어질 때

81 · 꽃피우고 싶어질 때
82 · 북극성
83 · 낙엽
85 · 끈
86 · 마주 섬
87 · 아웃사이더
88 · 사랑은
89 · 소망
90 · 수건
91 · 딸에게
92 · 거리 두기
93 · 밀알
94 · 이름
95 · 시가 말을 건네다

| 작품해설 |

96 · 일상적인 것들, 그 내밀함과 상상력
　　_ **양은성**

제1부

어느 봄날

어느 봄날

어머니 이다음에 나는 풀이 될래요
차디찬 땅 비집고 일어서는
봄날 가냘픈 초록 허리 될래요
긴 겨우내 꿈꾸다 일어난
달래 냉이 씀바귀 되어
어머니 앞자락에 소복이 담겨 있을래요
낡은 옷자락에 향기로 머물래요
거친 손등 스칠 때마다 풀물 든
어머니 손톱에 조용히 머리 숙일래요
봄이면 들로 산으로 나앉으신 어머니
그때마다 마중 나가
가만히 들떠 있다가
배시시 웃고 있을래요

풍경風磬

　내 어린 날 여자는 다가와 아스피린과 소주를 사달라고 했다. 코스모스 잎처럼 가녀린 빛을 띤 그녀 봄날 둑에 돋아난 들풀 사이로 스며들 듯 사라졌다. 꼬마야, 남은 동전은 너 가져- 그녀의 목소리만 오후의 햇살처럼 남았다. 그녀가 떠난 자리 인적 끊긴 도로가, 빈 찻집 앞이었는지, 가끔 꿈속에서 나를 찾아오곤 했다. 그녀를 기억하는 날이면 풍경처럼 울리는 동전 소리

별리

그렇게 가버린 날
솟구치던 눈물
희미한 기억으로 바뀔 것이란 생각
세월 어디쯤 담금질 마친 얼굴로 맞이해줄까

구천을 돌아 해맑게 웃고 있는가
바람과 손잡고 세상 구경 나섰나
영혼 더욱 투명하겠다

법당의 향은 그대 부르는 손길이요
봄 햇살 퍼지는 법문은 길마중길 노래
의지할 곳 없는 신세 털어버리고
극락왕생하옵소서
조용히 불러보는 말

하루하루 맥없이 찢겨
서로의 아픔을 빤히 보며 감추고 숨죽여
울었다

이렇다. 말할 것 없는 삶
어둠 지나 안개 걷히면

바람

바람,
어둠 사이로 들어온다
돌려보낼 구실 찾다
어차피 쉬이 돌아가지 않음을 알기에
마음 한 결 내어 준다

서투른 심사에
뒤돌아 생각의 늪 빠질 때
불어오는 바람

부둥켜 취하다가 돌아보면
연연할 일 하나 없다

밤꽃 향기 실려 오는
바람

사마귀

그대 사랑 가졌어요
그대 사랑 삼키었지요

부른 배 그러안고
스르르 잠이 들었어요
그대 사랑 내 살과 섞이어
포만감이 사라질 때
그대도 까마득 잊었답니다

처음부터 그대의 몸 탐했어요
그대 세포들로 다시 태어나는 꿈

많이 아팠나요
내 안의 그대

진달래

갓 추스른 연분홍 옷자락
살짝 드리우고
찬바람 가신 바위틈에서
황토 비탈길에서도
깔깔거리지요

연초록 새살 돋는 골짜기
종일 폴폴 뛰어다녀도
온몸 지치지 않고
사랑의 목마름으로 타오르지요

보는 이 없는 어느 날,
불타버린 사랑
봄비 되어
뚝뚝 떨어진다 해도
들키지 않을 짝사랑으로 남을래요

영은사에서

바람 부는 날
영은사 다녀왔지

꽃피우던 스무 살
가방 무게만 한 고민 묻어둔 채
잠들어 있는 길

때마침 비 내려
바람 끝자락에 몸을 틀던
풍경風磬 하나
삶은 언제나 흔들리는 거라
온몸으로 보여준다

겨우내 잠들어 있던 잡초와
마당의 돌멩이까지 불전 앞에서
부르기조차 낯선 먼 나라의 이름들처럼
멋쩍어 빈손으로 절을 올리고

바람에 밀려 내려오고 말았다

어느 풍경

청둥오리 한 쌍
뒤따르며 재잘대는 새끼 오리들
강물에 풍덩 빠진 하늘에
길게 누운 미루나무를 흔든다

파문 지는 강물 물들이는
저녁 햇살

단풍

다 던져 넣고도
마지막 호흡까지 밀어 넣는
사랑

또 한 해 지나 돌아보니
몸 한쪽 붉혔다 지는
꽃

상추

살점이 떼어진다
푸른 숨 한 번 내쉬니
참았던 눈물 맺힌다

한 잎 한 잎 흩어져
떠도는 홀씨 되어도
꿈만은 놓지 않으리

뚝뚝 눈물 찍어내는 푸른 잎
영근 햇살 버무려
유월 하루 그대 입술 만나는 날
긴 세월을 거스른 바람조차 숨어버려

하얀 생채기로
새잎 돋는다

노각

한 생을 늙어
마무리할 수 있다면

독을 품지 않고
싱거운 물로 채운
거친 껍질 속에
살면서 모아 놓은

순한 향기 담아

한 생을 저리
옹골지게 채울 수 있다면

코스모스 1

마주 보면 작아지고
돌아서면 발자국 소리
돌려보내지 못하는

바람 일 때 생각나는

나도
그런 사랑 있었다

코스모스 2

찬비 지난 뒤
귀뚜라미 가쁜 숨 몰아쉰다

어쩌다가
뒤늦게 피어난 사랑

잠시 그렇게 핀
너

냉기 도는 바람 불면
어찌 하려나 그 사랑

들꽃 향기

한 줄기 꺾어다 놓은 풀꽃이거나
들꽃이면 될까요

꽃잎 하나
겨드랑이에 끼웠던 책 어디쯤 꽂아 놓아
몇 해 지나 보게 된다면
배시시 웃게 된다면

가슴에 붉게 새긴 사랑 아니어도
들꽃 같은 생채기
남길 수 있겠지요

멍

눈을 돌렸다
시퍼런 자국 하나
씻고 또 씻어 보지만 지워지지 않는다

언제부터 그랬을까
뚝 떨어져 앉은 옹이처럼 싸늘하다

거울 속, 물 젖은 육체가 쳐다본다
여기까지 왔구나
어렵게도 여기에 서 있구나

파도 속에서 든 멍
물을 뿌리면 흩어진다

사랑 하나

마당 귀퉁이
샐비어 꽃잎에 머물다 가는
붉은 바람 소리

쿵, 내려앉는
사랑 하나

강가에서

강둑에 앉는다
둥그러진 달빛을 수놓은
몇 알 별빛 마주하면

젖은 뿌리 늘어뜨린 나무
냉기 스멀거리는
강물에 머리 헹군다

갇혀 있던 생각
물에 풀어 놓으면

강물은
눈물이 나
나뭇가지 끝에 매달린다

제2부

다섯 번째 계절

봄밤의 오마주

너 닮은 아이 하나 낳아 볼 테야
너를 위해 일하고 잠이 들겠어
모든 햇살 모아 줄 테니
바람막이 되어줘
바람 부는 날은
가지가지마다 흔들려
잎조차 돌아서지
등이 새파라니 얼 듯해도
배 속 아이 아스라이 꿈꾸겠지
너 닮은 아이, 자궁에서 보듬어
슬픔도 기쁨도 없이 젓 줄 테야
아직 달빛이 남은 밤은 빛에 씻기어
세상의 가장 밝음, 어둠을 입혀 줄 테야
너 닮은 아이 쏙 빼닮은 아이

무말랭이

품이 얼마나 넉넉했던가
마른 대지는 아끼던 생명수를 내주었다
하얀 살덩이에 욕망을 가득 채우고
뒤돌아보지 않은 채 하늘 향에 춤추었다

알아채지도 못하던 어느 날
뿌리 채 뽑혀 푸른 머리채 잘려나가고
예리한 칼끝에서 삶이 조각나 흩어졌다

이제야 알았다
이 몸, 목마른 바람에게라도 내어주어야 한다는 것을
껍질 속 가득한 오만 꼬들꼬들 줄여
가벼워져야 한다
한 줄 시로 남아야 한다

옹기

뭉개지고 짓이겨질 때마다 독을 품었다. 도공 손에 끌려 세상 빛 보기도 전 허망하게 갈 수 없어 기회를 다부지게 잡는 법부터 배웠다. 처음으로 돌아간다는 것 생각조차 할 수 없는 인고의 시간 무엇도 원망하지 않기 위해 독으로 독으로 뭉쳤다. 나의 굴레는 세상을 담아내고 누군가의 허기를 달래주었다

낡은 옷 같은 사람이고 싶다

퇴근 후 습관처럼 손이 가는 옷
그런 편안함이고 싶다

올해만 입고 버려야지
하는 사이 슬쩍 계절을 타고 넘는
떼려야 뗄 수 없는 사이이고 싶다

투정 받아주는 엄마처럼
닳아지는 동안 얼룩도 바람도 머무는
늘어난 품 같은 사랑이고 싶다

그리움 고이는 누군가의 새벽이고 싶다

채송화

예쁜 말 해 주세요
세상에 나와 보니 낮은 곳

작은 꽃잎들이
오늘도 살아보자 해요
바람도 머물지 않는
구석에서 생각했어요

나는
예쁘게 필 꽃의 운명
그런 날은 더욱 붉게 번져요

제2권

   한때는 내 가족에게 희망을 걸고 전부라 여겨 피보다 살보다 더 진하게 내 것이라 믿었다. 비 내리고 밤 깊어드는 생각 언제까지고 혼자일 것 같다는, 거품 걷어낸 오늘은 나만 생각해 보기로 했다. 그동안 아이들에게 매여 혼자 하는 일들 잊고 백치처럼 웃기만 했던 날들 나만을 생각해 보니 숨 쉬고 자는 것 외에 참 인색하게 살았다. 혼자 울어본 것 외에 나에게 솔직한 것도 없었다
   첫 페이지 넘길 힘 한참을 몸 구석구석 뒤적여야 나올 것 같다

다섯 번째 계절

화로를 껴안은 적이 있다
살이 짓물렀지만 고통을 몰랐다
잿더미 속 불씨와 시선을 주고받았을 뿐

노란빛 새어드는 들녘 너머
긴 포옹의 끈 놓아버렸다
동백꽃 떨어진 상처만 남기고

한 사람을 품었다 보내는 일은
가슴에 붉은 꽃길 자국 남기는
다섯 번째 계절이다

그런 봄이라면

이왕이면 봄이라야 좋지
강물에 연초록 두른 언덕이 흘러가고
개망초꽃 질긴 인연 밭두렁 기어오르면
흙 마르지 않은 봉분도 봉긋하니 수줍어질까
그렇지, 자운영꽃 논길에 첫사랑 혈흔 같은
입술 터뜨리고 똬리 튼 뱀 독 오르고
뻐꾹새 가없이 들려오는 오후 먼 산
찔레꽃 하얀 넋과 바꿔도 좋을
하릴없이 마루 끝 걸터앉아 구름 가는 곳
그런 봄날이라면
이별과 해후 씨 날 줄 되어
소리 없이 오고 갈 때
네가 오고 내가 가도 좋겠지
이왕이면 그런 봄이라야

천성

물에 뛴 기름방울
제 나이 웃돌게 살아온 천성이다

하얗게 무리 지어라
순하게 몸을 풀어라
아카시아 이팝나무 어깨 두르듯

그렇게 살면 편하기도 하겠다
흉내도 내보았다
안 되는 건 역시 천성

어깨를 두른다는 것은
하얗게 무리 짓고
순하게 몸을 비비는 거지
내게는 집 한 채 짓는 일이다

밤을 까면서

시퍼런 칼날로 밤을 깐다
견고한 집을 침입하는 순간,
뚝 떨어져 나간 한 점의 살
나뒹굴고 있다

내 다시 태어나도
보릿고개, 풋내 나는 목 잘라 목숨 연명하듯
당신이 먹을 양식 조금씩 떼어 먹어야 하기에
내 몸 반 토막 나도
속죄하며 세상 햇볕 등지고
하얀 핏덩이로 숨죽여 살아가야지요

한 점 내 미각을 위해
다시, 칼날 너의 목숨에 들이댄다

거울

먹을 거 보면 남편 주라는 엄마
늘 당신 딸보다 사위 먼저 챙긴다
그런 엄마의 딸인 나도
먹을 거 보면 아빠 주라 한다

한평생 아내로 어머니로
산다는 것은 녹록찮은 일임에도
살가운 엄마보다
데면데면한 아빠를
변명처럼 챙긴다

엄마의 어디에서
나의 어디까지
거울 안팎의 거리
죽는 날까지
서로 바라만 보는 거리

그림자

종일 기다리다
내 앞을 스쳐 가는 뒷모습 보다가
한숨 쉬며 앉아있는 너를 보다가
비로소 앞에 앉아 나를 보는
네 눈빛 느끼고서야

생각을 한다
네가 오지 않을지도 모른다는

사기그릇

그 집 뒤 곁에는 대나무가 마디를 키우고
처마 밑 항아리 겨우내 홍시를 품었다
허리 굽은 할머니가 항아리를 여닫을 때마다
바람눈 같은 딸들 하나씩 집을 떠났다
솟을대문 집 잔치 솥마다 무르익을 때
할머니는 하나 남은 손녀딸 뒤꼍으로 불러들여
슬며시 떠온 국밥 내밀었다
봉선화가 배시시 웃고 있던 순간
뜨거워 그릇을 놓치고 말았다
조각난 하얀 사기그릇
날카로운 사금파리가 할머니의 염치를 베었다
그릇 깨지는 소리 파편으로 남아 져며온다
벚꽃 흩날리는 날, 헐거운 어깨를 한 할머니
내게 뜨거운 국밥 한 그릇 숨겨 가지고 오신다

흉터

그가 가슴에서
꼬들꼬들 굳어간
지난 상처 꺼냈을 때

하늘은
어두운 산 빛 닮아가고 있었다

내 손이
그의 손에 닿고
상처가 아물기까지 걸린 시간만큼
떼지 않았다

빛바랜 흉터에
무릎을 내주었다

편지

편지의 시작이다
'댓돌에 눈은 쌓이고……'
외할아버지 편지글이 좋아 가슴에 품고 다니며
주저리주저리 읊으셨다는 아빠

백면서생 할아버지
일찍 돈벌이 나선 큰딸
식구 많은 집 장남에게 보내놓고
댓돌에 쌓이는 눈으로 겨우겨우 꺼내 보이셨나

먼 산에 내린 눈
가만가만 쌓여 발목 덮는
북서풍 가닥가닥 아려 왔을거나
점잔빼고 들어서는 초겨울

달걀 한 판

누런 밀랍 봉인한 서른 개의 화석

밤낮 구분 없이 불 밝히는
220v 달궈진 일탈은
채 영글지 않은 열매를 사산한다

서른 번의 비릿한 부르짖음
바코드로 입막음과 동시
풋내 나는 진열장은 비워졌다

식탁에서 꿈꾼다
우리의 완벽한 알리바이

당부

첫 손주사위라고 대문 밖까지 따라 나와
"자이가 승질은 저래도 뒤 끝은 없어야"

당신 평생, 차돌 같은 손녀 받아줬듯
손주 사위에게 한 겹 한 겹 말을 얹는다

영면에 들기 전 새벽
우리 집 어찌 알고 보러 오셨을까

손녀딸 무에 그리 눈에 밟힌다고
이번엔 아무 말 없이 남편을 보고 가셨을까

한 달 즈음

이 겨울,
바람 든 무처럼 살아볼까
온몸 속에 숭숭 거미줄 쳐진
더없이 가벼워진 몸 하나
바람 따라 한 달

까마득 나를 모르고
사랑했던 너도 모르고
살점 같은 새끼도 모르고
발자국 없는 바닷가거나
마른 솔잎 자작자작 깔린 산중이거나

넋을 잃고 한 달쯤
구석에 웅크린 무처럼 무거웠던 몸 훌훌 털고
바람이 되어 어디론가 떠나기 위해
바람이라도 들어 보아야 하나

제3부

혼자 가는 길

조우

지구 한 편 자리했을 때
이름 하나 정도 짓고 나왔을 텐데
뿌리내린 곳 들판이라서
산중 나무 둥치 아래라서
피고 지는 순간들 적막하다
호화로운 빛깔 백 리 향기 어찌 두고
빛깔 한 줌 얻어내어 외따로이 생각에 잠기는가
혹, 지나는 이 발길에 채일까
네 모양으로 곁에 머문다

삽화

종일 하늘 보면
쓸어 담을 듯
소복한 밤하늘 별
빈집에서 먼 산 바라기
비행기 지나간 긴 여운 흰 구름

대지에 부는 땅꼬마 바람
나뭇잎 사이 누비는 바람
허공을 헤집는 바람
눈발 날리는 몽롱한 바람
들숨 따라 들어온 헛헛한 바람

어릴 때 그림은 변하지도 않아
멀리 와버렸는데
먼지 쌓인 책장에서
숨 쉬는 그림책

네 생각

사과를 베어 물 듯
생각이 많은 날은
생각이 나인 듯하다가
어느 순간 사과가 나인 거야
생각으로 한 입씩 베어 물린 날
동그란 허상 속에 가득 들어찬
네 생각

수박

오늘도 죽치고 앉아
속살 가득 채워가 누나
뜨거운 볕에 돌아눕기라도 하지
맨살에 튕겨 오르는 빛 부스러기

팅
탱
슬슬 달아오른다

텅
엉글어진 빠알간 사랑

쫙
칼날에 베인 그해 여름

양파

지고 말았어. 오늘도
쥐어짜고 노려보고
아무리 힘을 모아도
너의 내공 앞에선
어김없이 눈물부터 보인다

주먹만 한 너
어쩌면 몇 천 년이 흐른 후에도
작은 너에게 속을 빤히 들키는
덩치가 또 있을 거야

나방의 유전자

　사거리 모서리에 자리한 무한 리필 고깃집 사람들 가득하다. 지나가다 신호에 걸려 무심코 보고 있자면 뜻 모를 서글픔이 몰려온다. 고급 한정식집이 벌집 벌처럼 바글바글했더라면 우연이라도 반드시 라도 문턱을 넘겠다
　빈 뱃구레는 크기도 커 무한 리필은 오늘도 포화다. 쥐뿔도 없는 가식은 한 마리 벌이 되지 못한다. 아득한 하늘 아래 불빛 쫓는 뱃구레 움켜 진 자존심, 차라리 한 마리 나방이 된다

첫 삽

가끔 우물에 빠지는 날이 있어

네가 어느 부분에 맺혀있는지
그때마다 나는 나를 책망할 때

새로운 생활에 빠져있을 사이
그 사이 너는 노을처럼 기다리고 있었을 때

문득 급하게 타전 날리면
단단히 굳어진 너 도무지 열지 못할 때

시간은 어느 한 부분들을 돌이켜 내게 데려오는데
그 공간 속 나는 무엇이 중요했을까

첫 삽을 떠 보네
내 묶은 관 위에

수다쟁이

아침에 새침하게 와서
오전 내내 말수가 없다가
서너 시간 지나고야 단짝 친구 앞에서만
말이 많아지는 아이가 있다

처음에는 어색해서 한두 마디 꺼내고
같이한 시간 많아지면
할 말이 많아지고
돌아오는 대답에 더 떠들고

내 안에 새침데기 꼬마가 살고 있다
단짝 앞에서만 말이 많아지는

밤에 나무는

나무는 밤에 꿈꾸나 봐
가끔은 바람에 흔들이나 봐
빗물에 흐느끼나 봐

잠자는 동안 웃고 있나 봐
파르라니 잎 어둠에 묻고
구부정한 몸뚱이 뉜 채 꿈에 젖어 있어

소란스러운 일 다 잊고
자야 할 때를 알고 있어
밤이슬 다녀가고 나면
먼저 깨어나야 함을 알고 있나 봐

감정선

뼈에 붙은 살처럼
감정은 그런 것 아니야

살아있는 몸에 잠시
들러붙어 곧 물들게 하지

감정은 떠다니는 공기 같아서
숨 따라 찾아와 언제고
쉬었다 간다

가끔은
내 것이라 생각하여
삶을 통째로 바치려 한다

돌이킬 수 없는 선택

새끼발가락

조아리는 머리
평생 기 한 번 못 펴고 살아
움츠러들고 기어든
종지기 꼽추

온몸으로
중력을 받아내다

새끼발톱이 갈라졌다
떼어내니 피가 난다
반란의 시작은 늘 미미하다

등대

구불구불 길
헤엄치듯 올라가니
어스름 내려앉는다
나무 끝자락에 내려온 빛
찬바람 마주 선
가로등

품고 있다
발길 끊긴 산 하나

반려견

저만치 그대 보이면
뜨거운 햇살 아래이든
빗속이든 달려가지요
나는 가진 것 하나 없어요
다만 그대의 모든 것 기억해요
온 신경은 달려가고 기어가고
안아 달라 꼬리를 흔들지요
그 무엇도 줄 수 없네요
좋아하는 이 마음만
쏜살같이 달려가 뛰어올라요

가을 나무

잎이 떠나간 자리마다
나무는 생채기가 있다

바람은 끝없이 상흔 어루만진다

잎이 떠나간 자리마다
나무는 아려오는 제 살 품고 있다

바람은 괜찮아 괜찮아
제자리로 돌아가는 거야
남은 잎 쓰다듬는다

화려했던 여름밤 꿈처럼
온전한 헤어짐을 준비한다

치레

어떤 사람들을 보면 말이야
치레라는 것을 참 잘해
배운 것일까 천성일까
궁금하기도 했지
살면서 말이야
젬병 중에 으뜸이라
그렇게 살아온 것이겠지
좋은 척 싫은 척도 어렵지만
치레라는 거
아무리 해보려 해도
말더듬이같이 어눌해
알레르기처럼 간지러워
너는 어디서 온 건지

참, 무안한

돋보기 맞춰 드리는데
칠십 년이 걸렸다

딸 안경 바꿔주는 데
말 한마디면 족했는데

안경테마저 성치 않을 거란
짐작 왜 하지 못했을까
엄마 돋보기

혼자 가는 길

그 일을 하면 후회할 거라 했다
띠풀 뻗어가듯 들불로 번졌다

짜인 극에 할 말을 잃었다
거짓이 아니면 왜 말을 못하냐
변명이라도 대라. 그날

한 뿌리에서 나서 춤추던 사람들
이파리같이 가을바람에 흩어지고
나뭇가지에 매달려 겨울 앞에 선다

잎 떨구고 불타는 겨울 강을 건너
홀로 차가운 뿌리로 돌아간다

밥상

딸이 먹던 밥상
퇴근 후 혼자 먹는다

며칠 전 다른 반찬 다 놔두고
장아찌와 물 말아 드시는
엄마 뒷모습

누가 그러라 한 것도 아닌데
우리는 왜 이리도 궁상스럽게
그럴 수밖에 없이 먹는 것일까

엄마의 밥상이
내 밥상으로
딸의 밥상으로 이어질까
이 비루한 유전 같은 세습

딸이 먹던 자리에서
삶의 검버섯 걷어내다
결국 남은 밥 물 말아버렸다

존재로 살아가기

초록 머금고 붉음 삼키며
십이월과 일월로 살 수는 없을까

하늘도 구름도 빛을 띠는 것 보면
드러내지 않고 산다는 것은
꽤 어려운가 봐

한 번 띤 빛 밀고 나가는 것 보면
색을 갖는다는 것은 용기가 필요한가 봐

내려놓을 수 없는
업보 움켜쥐고 태어나는 건가 봐

한때의 아픔은
존재에 대한 후회였나 봐

경계 그리고 해방

놀라운 것은 세상 살기가 편해졌다는 거야
가이드라인 벗어나 쉽게 살아진다는 거

언제부터였는지
다시 태어나도 밤일 것 같은 새벽
노천온천에 몸 담그고
검푸른 바다에 이지러지는 하늘
발칙하니 사랑했을 무렵

더 이상 무거워지지 않는 나는
내 안의 속삭임 와 닿지 않아 편해졌지

왜 몰랐을까
불편한 진실은 덮어두어야 한다는 것을

꽃다지

자고 나면 쌓인 상념만큼
멀어져 아려온다
부르면 휘파람 소리 나는
청춘
모든 시작 거머쥔 도화선
말하자면
풀내음 서러운 스무 살

질경이 뿌리, 단단한 땅에서
까마득한 단애 혹한의 시련에도
자미성 같은 운명에 사랑 있으라

제4부

꽃 피우고 싶어질 때

꽃 피우고 싶어질 때

때가 아니면 어떠랴
땅 속 깊이 감추었던 욕망,
딱딱한 껍질을 깨뜨리고 솟아오른다

알면서 다 알아버렸으면서
하필 오늘 꽃 피우고 싶어졌지
출렁이는 물속에 불 질러버리고 싶은
참을 수 없는 흐드러짐,

꿈꾼다 대낮에,
피는 꽃은 얼마나 애틋하더냐
동굴 속에서 가슴 저미는 너에게
붉은 유혹의 잔을 건넨다

북극성

그대 가는 길 따라가겠어요
비록 출렁이는 날 길어져도
그대만 빛나고 있다면
먼 곳까지 흘러갔어도
그곳에서 흙먼지 뒤집어썼어도
툭툭 털고 돌아오겠어요
캄캄한 밤 돌아오는 길 잃지 않지요

그대,
칠흑 같은 어둠에서 빛나고 있는 한

낙엽

중년이라는 나이 거쳐
몸뚱이 아려올 시간 지나
진부한 환갑 되었을 즈음
그때도 지금처럼

당신은 거기 나는 여기서
숨 쉬고 있을까요
기다리면서

이별 오지 않을 듯
밀고 당기고 토라지고 있을까요

그때는 없겠죠
당신 여기 없겠죠
다만 하루하루는 길뿐이겠죠

낙엽 받아주는 허공처럼
끝나는 날 달라도
아득한 그 날까지 서로 바라보다
누구랄 것 없이 받아주어요

삶을 함께 타올랐던 이야기
허공에 풀어놓고
지는 낙엽처럼 사라져보아요

끈

직장 옮기고 나서도
깊은 밤이면 옛 직장에서 일한다
그만두고도 무슨 끈에 묶여 있는지

옛 동료와 통화를 했다
그전처럼 힘들지 않다고 한다
그 말 듣고서야 꿈속의 일도 그만두었다

마주 섬

그 여자는 꼭,
그 남자 손을 잡고 걷는다. 둘은
저녁이면 길을 걷는다

둘이 손잡고 걸을 때 장애가 보이지 않는다
옆모습 뒷모습 훔쳐 본다
감싼 손과 감싸인 손 그 어디쯤일까

허우적거리는 내 손을 주머니에 넣는다

아웃사이더

일찍이 공부를 그렇게 했더라면
시험문제 나오지 않는 소설이나 읽고

동료들과 눈치싸움도 잊은 채
시집이나 사다 날라 읽어 대고

낯선 길 망설이다
불쑥 들어서 역시나 헤매고

축제의 불꽃 환호 지를 때
혼자 몽상에 허우적대고

미련은 많아
포기하기 어렵고
자존감 높아
허용 안 되는 것들 여전하고

누군가 써 놓은 시 한 편 눈에 들면
며칠을 배앓이
고것이 그렇게 부럽고 눈꼴시더라

사랑은

잡초 한 포기 눈여겨보는
사람

어느 한 곳 구김 없는 사람을
사랑한 적 있다, 부끄럽게도
외면하고 싶었다

사랑은 그 후에 알게 되었다

이제는 말할 수 없는
늦어버린 사랑

소망

네가 바라고 있는
나의 희망

내 간절한
너의 꿈

수건

때때로 우연인 듯 찾아온다

으레 의지하고
당연지사 치대고
때로는 흠씬 젖은
눈물 콧물 부끄럼 없이 맡기고
그러고도 고마움 느끼지 못했다

공기처럼 스며들며
단 한 번
내 보잘 것 없는 금전
바라지 않는다

가끔은 그래서
너에 대해 생각만 한다
처음으로 너를 사고 싶었다

딸에게

한때 우리는 가시를 겨누듯 했다
가시가 더 날카로워 질 무렵

너에게 꽃 같은 말 붙여주었다
돌아오는 말에 향기 난다
쉼 너머 서로 달려들지 않았다

딸들은
한 번쯤 제 어미의 살에 독의 꽃을 피우지
엄마처럼 살지 않을 거야

너의 말에 날개를 달아 줄 거란다
엄마처럼 살지 않아도

거리 두기

선을 긋고
거리를 두어 보는 날이 있다

보고 싶은 마음 접고
궁금한 생각 지우고
침묵으로
지내는 날이 있다

버튼 하나면
쉽게 살 수 있는 감정들
그리움이 산처럼 커져간다
숨이 멎을

밤을 보내고
창백한 민낯으로
그었던 선을 지운다

멋쩍은 화해和諧로
그리움 속으로

밀알

날실과 씨실로
수놓듯 살다가
다음 생에 다시 만나

전생에
놓쳤던 달빛
은빛으로 비추었으면

이름

비 내린 다음 날
땅에 떨어진 살구
그 나무가 살구나무였구나

떨어진 몇 마디의 말들이
나를 말해주는 날 오리라
단죄처럼

시가 말을 건네다

아픔으로 빚어낸 시
출산한 아기가 되어
다 자랄 때까지 졸졸 따라 다닌다

쓰고 난 후, 잊혀 가면
여기 있으나 없는 자식이 된다

그러던 어느 날, 잠과 잠 사이
다시, 언어가 걸어온다
자궁 문을 두드린다

| 작품해설 |

일상적인 것들, 그 내밀함과 상상력
－시집 『대낮의 꿈이 꽃잎에 머물다』

양은성
(문학평론가)

□ 1 □

　임영선 시인은 청양의 남쪽 마을에서 어린 시절을 보냈다. 학창 시절부터 살아온 삶의 공간은 금강을 낀 공주다. 공주는 인공물보다는 자연이 생생하게 살아 숨 쉬는 곳이다. 임 시인이 만나는 것은 주로 자연이다. 그래서 시인은 일상에서 지나치는 사물들인 나무, 꽃, 풀, 벌레 그리고 바람, 별, 대지, 강 등과 만나면 상상력을 통해 말을 건네고 그 내밀함을 이미지로 만들어 낸다. 그뿐 아니라 시인과 어머니, 할머니, 딸 등 가족들, 사람들 사이에서 일어나는 일상을 그냥 흘려보내지 않는다. 그 내밀함을 언어로 기호화하여 정서를 표출한다. 또한 시인은 자연과 사람들 사이에서 삶의 존재와 가치가 무엇인지 끊임없이 자신에게 묻는다.
　임 시인이 일상적인 것들의 내밀함을 상상력으로 어

떻게 이미지화 하는가. 바슐라르는 상상한다는 것은 현실을 떠나 새로운 삶을 향하는 것이며, 상상력은 인간 정신 활동의 결과물이라고 한다. 상상력은 새로운 이미지를 만들어 내는 능력이다. 새로운 이미지란 그 이전의 자신의 모습과 다른 가치를 추구하여 끊임없이 변화하는 것이다. 시적 언어는 시적 상상력의 체계 속에서 자신만의 고유한 의미를 지닐 수 있는 발화와 실행들의 종합이다.

　이 글에서 임 시인이 시적 교감 즉 시적 이미지가 느끼게 하는 감동을 표출하기 위해서 상상력을 어떻게 펼치는지, 그것이 눈앞에서 조직적으로 변해가는 모습 그 자체를 어떻게 묘사하는지 살펴보고자 한다. 즉 시인이 혼의 울림, 감동의 체험을 역동적 상상력을 통해 그의 시에 어떻게 새롭고 다양하게 수용되는가를 탐색고자 한다.

口 2 口

　임 시인이 날마다 일상에서 만나는 것은 자연이다. 문 열고 나가면 들풀 한포기, 이름 모를 꽃들, 나무, 강, 하늘과 별 그리고 바람 등을 만난다. 그의 시에서 흔하게 만나는 사물은 바람이다. 공기의 일종인 바람은 원초적 상상력을 불러일으킨다. 시의 모티프에 바람을 차용하는 것은 바람이 인간의 삶을 좌우하는 속성을 잘 드러나기 때문이다. 바람은 자유, 평화, 사랑, 위로,

상처, 가혹한 운명, 희망 등 다양한 상상력을 불러일으킨다. 시인의 바람에 대한 상상력이 어떠한 속성을 띠는지 살펴보자.

> 때마침 비 내려
> 바람 끝자락에 몸을 틀던
> 풍경風磬 하나
> 삶은 언제나 흔들리는 거라
> 온몸으로 보여준다
> 　　　　　－「영은사에서」에서

화자는 '바람 부는 날' 영은사에 다녀왔다. 비 내리는 영은사 절집 처마에서 풍경 하나를 발견한다. 내리는 비에서 몸이 무거워 낙하하고 더 넓은 곳으로 흘러가고 싶은 욕구를 상상해 낼 수 있다. 풍경은 바람 끝자락에서 몸을 틀고 있다. 화자는 이 풍경이 바로 자신임을 인식하게 된다. 세상에서 살아가다 보면 알게 모르게 늘 일상의 무게가 어깨를 짓누르고 있다. 그 짐을 벗어나기 위해 하루에도 여러 번 일탈을 꿈꾸고 떠나고 싶기도 하다. 그래서 온몸으로 보여주는 풍경처럼 '삶은 흔들거리는 거라'고 생각한다. 화자에게는 바람처럼 떠나고 싶은, 자유로워지고 싶은 욕망이 삶의 내면에서 꿈틀거린다. 이처럼 자유를 갈구하는 이 시에서 물과 바람이 결합되면서 상상의 폭이 더 커진다.

이 겨울,
바람 든 무처럼 살아볼까
온몸 속에 숭숭 거미줄 쳐진
더없이 가벼워진 몸 하나
바람 따라 한 달

까마득 나를 모르고
사랑했던 너도 모르고
살점 같은 새끼도 모르고
발자국 없는 바닷가거나
마른 솔잎 자작자작 깔린 산중이거나

넋을 잃고 한 달쯤
구석에 웅크린 무처럼 무거웠던 몸 훌훌 털고
바람이 되어 어디론가 떠나기 위해
바람이라도 들어 보아야 하나
―「한 달 즈음」 전문

 화자가 머무는 시간은 겨울이다. 겨울에 화자는 '바람 든 무처럼 살아볼까'라고 자문을 한다. '바람 들다'라는 말은 '물기가 빠져 푸석푸석하게 되었다'는 의미다. 그러나 이 말은 '허황한 생각이 마음에 차다'는 중의적인 뜻도 있다. 세상의 짐은 언제나 삶을 짓누른다. 그래서 화자는 '온몸 속에 숭숭 거미줄 쳐진/ 더없이 가벼워진 몸 하나'되어 떠나고 싶다. 한 달만이라도 바람처럼 정처 없이 자유롭게 떠나고 싶은 마음이다. 바슐라르에 의하면 가벼워지기 위해서는 무거운 것을 버려야 하는데, 이는 단순히 과거에 벗어나라는 것이 아니다. 시적인 힘인 상상력을 통해 바람처럼 떠나는 몽상을 경험하게 된다. 이런 은유적인 표현을 통해 이미지를 하나의 현실로 꿈꾸게 한다. 차가운 땅 속에서 웅크리고 있던 무와 같이 무거운 몸에서 가벼워져 상승하고 싶은 것이다. 화자는 바람이 되어 자신도, 자식도 모두 잊고 바닷가, 산중으로 떠나고 싶다. '넋을 잃고 한 달쯤/ 구석에 웅크린 무처럼 무거웠던 몸 훌훌 털고/바람이 되어 어디론가 떠나'가려는 마음이 간절하지만 현실은 그렇지 않아 안타깝다. 어쩌면 한 달 쯤 어디론가 떠나고 싶은 마음은 허황된 생각일지도 모른다. 그래서 무처럼 '바람이라도 들어 보아야 하나'하면서 허탈해 한다. 이 시에서 화자는 바람 든 무에 대한 내밀함과 상상력을 통해 자유롭고 싶은 욕망을 표출하였다.

  그의 시에서 바람이라는 사물은 자유만을 상징하는 것은 아니다. "냉기 돋는 바람 불면/ 어찌 하려나 그 사랑"(「코스모스 2」에서), "갓 추스른 연분홍 옷자락/ 살짝 드리우고/ 찬바람 가신 바위틈에서/ 황토 비탈길에서도/ 깔깔거리지요"(「진달래」에서)와 같이 시련이나 고통을 상징하기도 한다. 「가을 나무」에서 "바람은 괜찮아 괜찮아/ 제자리로 돌아가는 거야/ 남은 잎 쓰다듬는다"라는 표현에서는 바람은 위안 혹은 위로의 이미지를 구축한다. 「별리」에서도 이와 마찬가지로 '그렇게 가버린 날' 눈물이 솟구쳐도 "바람과 손잡고 세상 구경 나섰나/ 영혼 더욱 투명하겠다"고 바람의 이미지를 확장한다. 그럼에도 불구하고 "서투른 심사에/ 뒤돌아 생각의 늪 빠질 때/ 불어오는 바람 …(중략)… 밤꽃 향기 실려 오는/ 바람"(「바람」에서)처럼 그의 시를 관통하는 바람은 자유로움의 상상력을 향하고 있다. 시 「삽화」에서도 바람의 상상력이 고스란히 드러난다. "대지에 부는 땅꼬마 바람/ 나뭇잎 사이 누비는 바람/ 허공을 헤집는 바람/ 눈발 날리는 몽롱한 바람/ 들숨 따라 들어온 헛헛한 바람"과 같이 화자는 바람의 내밀한 속성처럼 상상의 날개를 펴고 싶다.

한편, 인간의 시선 속에서 하늘과 땅은 인간이 발을 붙이고 살아가며 눈을 들어 바라보는 세계다. 먼저 시인이 자연을 어떻게 바라보며, 자연에서 어떠한 꿈을 꾸는지 살펴보자.

청둥오리 한 쌍
뒤따르며 재잘대는 새끼 오리들
강물에 풍덩 빠진 하늘에
길게 누운 미루나무를 흔든다

파문 지는 강물 물들이는
저녁 햇살
　　　　　－「어느 풍경」 전문

이 시는 한 폭의 풍경화를 보는 듯하다. 청둥오리 한 쌍이 저녁 햇살이 파문 지는 강물을 가르며 앞서고 새끼 오리들 그 뒤를 따른다. 하늘이 강물 속에 풍덩 빠졌다. 미루나무는 대지에 깊은 뿌리를 두고 하늘 향해 솟아오르는 속성을 가지고 있다. 그러나 이 시에서는 길게 누워 있는 미루나무는 물속에서 하늘과 만난다. 하늘과 미루나무의 운동성을 불러일으키는 것은 오리들이다. 하늘을 향해 솟아오르는 상승 이미지와 물속에 빠진 사물의 풍경은 오리들의 운동성으로 인해 예술창조에 선행하는 몽상을 야기한다. 하늘과 나무 그리고 오리들이 강물 속에 비쳐 그림처럼 보인다. 이는 얼마나 아름답고 평화로운 풍경인가. 이처럼 이 시에서 물(강물)과 하늘과 나무(미루나무)와 동물(오리들)을 결합하고 활력을 주는 것은 바로 상상력 운동이다. 바슐라르는 외부의 대상을 바라보면서 상상력이 운동을 시작하는데, 필수적인 것이 주체와 객체, 상상력이 서로 융합하여 이끌어내는 이미지에 대한 기쁨과 경탄이라고 언급하였다. 그래서 시인은 강물 위의 풍경을 바라보면서 상상력의 운동을 시작한다. 강물과 하늘과 나무와 새에 관한 상상력을 바탕으로 주체와 객체 그리고 상상력이 융합되면서 하나의 아름다운 생명력의 이미지를 이끌어 낸다. 시인은 이처럼 자연을 아름답게 바라보며, 자연에서 행복한 꿈을 꾼다.

「채송화」, 「진달래」, 「단풍」 등에서도 시인이 바라보는 자연은 아름답다. 시「채송화」에서 화자는 자신을 "예쁘게 필 꽃의 운명/ 그런 날은 더욱 붉게 번져요"라고 표현하고 있다.「진달래」에서는 "불타버린 사랑/ 봄비 되어/ 뚝뚝 떨어진다 해도/ 들키지 않을 짝사랑으로 남을래요"라고 한다. 불타던 사랑이 봄비처럼 '뚝뚝 떨어진다 해도' 가슴 설레는 짝사랑으로 남겠다고 한다. 또한「단풍」에서도 붉게 물들어 떠나야 하는 단풍을 "다 던져 넣고도/ 마지막 호흡까지 밀어 넣는/ 사랑"이라고 한다. 이처럼 시인은 자연에서 만나는 사소한 것들에서 아름다움을 몽상하여 하나의 행복의 이미지로 만들어 낸다. 그런데「진달래」에서 화자의 사랑은 '봄비 되어/ 뚝뚝 떨어'졌고,「단풍」에서도 사랑은 곧 생명을 다해야 하는 운명이다. 그런데 화자는 떠나야 하는 상황에서도 행복에 대한 원초적 꿈을 가지고 있다. 바슐라르는 행복을 상실하거나 삶이 고통스러울 때 잃어버린 행복의 내밀성에 향수를 느끼게 마련이라고 한다. 화자는 떠남의 아픔이 밀려올 때 더 행복의 내밀성을 간절히 갈구했을 것이다. 화자가 행복을 꿈꾸는 것은 바로 휴식의 몽상이 아닌가 한다.

□ 3 □

시인이 일상에서 만나는 가장 가까운 것은 가족이다. 가족은 혼인이나 혈연으로 맺어진 작은 단위의 사회 체제다. 가족 구성원 사이에 사랑과 행복을 나누기도 하고 때로는 갈등을 빚고 서로 상처를 입히기도 한다. 그렇지만 무엇보다도 가족은 애정을 기초로 한 하나의 공동 운명체다. 그리고 그 가운데에 내가 존재한다.

  임 시인이 가족에 대하여 어떠한 상상력으로 그 내밀함을 이미지화하는지 우선 다음 시에서 살펴보자.

> 어머니 이다음에 나는 풀이 될래요
> 차디찬 땅 비집고 일어서는
> 봄날 가냘픈 초록 허리 될래요
> 긴 겨우내 꿈꾸다 일어난
> 달래 냉이 씀바귀 되어
> 어머니 앞자락에 소복이 담겨 있을래요
> 낡은 옷자락에 향기로 머물래요
> 거친 손등 스칠 때마다 풀물 든
> 어머니 손톱에 조용히 머리 숙일래요
> 그때마다 마중 나가
> 가만히 들떠 있다가
> 배시시 웃고 있을래요
>   -「어느 봄날」 전문

  시인은 이 시에 어머니에 대한 애잔한 정서를 담았다. 화자는 이다음에 풀이 되고, 초록 허리가 되고, 달래 냉이 씀바귀가 되고자 한다. 이러한 식물들은 대지가 없으면 싹을 틔우고 자랄 수가 없다. 이 시에서 대지는 '낡은 옷자락'을 하고, '거친 손등'과 '풀물 든 손톱'을 가진 '봄이면 들로 산으로 나앉으신 어머니'다. 화자는 다시 태어나도 아무리 척박한 대지일지라도 '차디찬 땅' 즉 대지를 비집고 일어서'고 '긴 겨우내 꿈꾸다 일어'나고자 한다. 그리고 남루한 어머니일지라도 '어머니 앞자락에 소복이 담겨 있'고, '낡은 옷자락에 향기로 머물'고 싶다. 어머니의 앞자락에 소복이 담기고, 낡은 옷자락에 향기로 머물고 싶다는 표현에서 화자는 어머니의 품에 안기고 싶다는 내밀성을 불러온다. "거친 손등 스칠 때마다 풀풀 든/ 어머니 손톱에 조용히 머리 숙"이겠다고 한다. 게다가 어머니의 삶이 안타깝기에 일터에 나간 어머니를 "그때마다 마중 나가/ 가만히 들떠 있다가/ 배시시 웃고 있"겠다고 한다. 그러나 '이다음에'라는 어휘에는 지금까지 그렇지 못했다는 안타까움이 화자의 내면에 숨겨 있다. 다시 태어나서야 비로소 그렇게 할 수 있을 것이라는 데서 화자의 애잔한 정서가 묻어난다.

딸이 먹던 밥상
퇴근 후 혼자 먹는다

며칠 전 다른 반찬 다 놔두고
장아찌와 물 말아 드시는
엄마 뒷모습

누가 그러라 한 것도 아닌데
우리는 왜 이리도 궁상스럽게

    그럴 수밖에 없이 먹는 것일까

    엄마의 밥상이
    내 밥상으로
    딸의 밥상으로 이어질까
    이 비루한 유전 같은 세습

    딸이 먹던 자리에서
    삶의 검버섯 걷어내다
    결국 남은 밥 물 말아버렸다

               -「밥상」 전문

  화자는 퇴근 후에 집으로 돌아와 혼자 밥을 먹는다. 딸이 먹던 밥상에서 밥을 먹다가 "며칠 전 다른 반찬 다 놔두고/ 장아찌와 물 말아 드시는/ 엄마 뒷모습"을 떠올린다. 궁상맞은 어머니의 모습에서 내 모습을 발견한다. 화자는 '비루한 유전 같은 세습'처럼 "엄마의 밥상이/ 내 밥상으로/ 딸의 밥상으로 이어질까" 염려한다. 가족은 서로 지지해주고 소통하며 함께하는 것이 기본적인 관계다. 그러나 오늘날 우리 사회는 농경사회처럼 늘 함께하기가 힘들다. 가족 구성원은 각각 바쁘다. 가족이 구성원을 그렇게 만든 것은 바로 사회다. 화자는 딸이 먹던 자리에서 검버섯처럼 지워지지 않는 삶의 이런저런 모양을 떠올린다. 엄마의 밥상은 나의 밥상으로 다시 딸의 밥상으로 이미지가 이어지면서 결국은 '남은 밥 물 말아버'리는 허탈함을 지우지 못한다.

어머니에 대한 시적 소재는 「거울」, 「참, 무안한」 등에서도 이어진다. 「거울」에서는 남편만 챙기는 엄마 모습을, 「참, 무안한」에서는 "딸 안경 바꿔주는 데/ 말 한마디면 족했는데" 어머니의 돋보기를 맞춰 드리는 데 몇 십 년이 걸렸다는 회한을 표현하였다. 가족에 대한 시적 소재는 할머니, 할아버지, 외할아버지 등도 채택된다. 「사기그릇」에서는 잔칫집에서 염치 불구하고 사기그릇에 국밥 한 그릇을 숨겨 가져오시다가 그릇을 깨뜨린 할머니의 애잔한 사랑을 표현하였고, 「당부」에서도 할머니의 손주사위에 대한 사랑을 시적 소재로 차용하였다. 「편지」에서는 외할아버지의 큰딸에 대한 애정을, 이처럼 나와 어머니, 할머니, 할아버지, 외할아버지 등과의 관계는 풀, 달래 냉이 씀바귀, 낡은 옷자락, 거친 손등, 손톱, 밥상, 돋보기, 편지, 사기그릇, 국밥 등의 사물이 매개체가 된다. 이러한 사물의 이미지는 애잔함, 안타까움 같은 정서를 표출한다. 그렇다면 딸에 대한 이미지는 어떻게 표출될까.

한때 우리는 가시를 겨누듯 했다
가시가 더 날카로워 질 무렵

너에게 꽃 같은 말 붙여주었다
돌아오는 말에 향기 난다

쉼 너머 서로 달려들지 않았다

　딸들은
　한 번쯤 제 어미의 살에 독의 꽃을 피우지
　엄마처럼 살지 않을 거야

　너의 말에 날개를 달아 줄 거란다
　엄마처럼 살지 않아도
　　　　　　　　　　－「딸에게」

　화자는 시의 첫머리에 딸과의 맞섬을 '가시'로 표현한다. 가시라는 사물을 떠올리면 날카로운 이미지와 함께 찔리면 아프다는 촉각적 상상이 촉발된다. 이렇게 딸과의 맞섬이 날카로워짐에 따라 엄마로서는 가시에 찔린 것처럼 아픔이 더 커진다. 딸은 한번쯤은 "엄마처럼 살지 않을 거야"라는 말을 한다. 그러한 딸의 말을 들을 때 엄마로서는 자신의 살에 '독의 꽃'이 핀 것처럼 고통스러운 것이다. 그럼에도 '어미'이기에 딸에게 '꽃 같은 말'을 하고 '엄마처럼 살지 않아도' '너의 말에 날개를 달아 줄 거'라는 속다짐을 한다. 딸이 가시처럼 날카롭게 다가와도 엄마이기에 사랑으로 그 가시를 가슴에 품어 무디게 한다.
　그럼에도 불구하고 다음 시에서 화자는 가족 속에서도 외롭다. 인간의 외로움은 인이라는 존재의 근원적 숙명이 아니겠는가.

한때는 내 가족에게 희망을 걸고 전부라 여겨 피보다 살보다 더 진하게 내 것이라 믿었다, 비 내리고 밤 깊어드는 생각 언제까지고 혼자일 것 같다는, 거품 걷어낸 오늘은 나만 생각해 보기로 했다. 그동안 아이들에게 매여 혼자 하는 일들 잊고 백치처럼 웃기만 했던 날들 나만을 생각해 보니 숨 쉬고 자는 것 외에 참 인색하게 살았다. 혼자 울어본 것 외에 나에게 솔직한 것도 없었다
　　첫 페이지 넘길 힘 한참을 몸 구석구석 뒤적여야 나올 것 같다
-「제2권」 전문

　이 시에서 화자는 가족을 전부라고, 살보다 더 진하다고 생각하고 가족에게 희망을 걸었다. 가족에게 매여 자신을 잊고 살았다. 화자는 언어가 없었다. 언어가 없다는 것은 존재가 없다는 의미다. 화자에게 언어가 필요했지만, 그의 언어는 몸속에 숨어 있었다. 그런데 문득 혼자라는 것을 깨닫게 된다. 화자는 '비 내리고 밤' 깊이 생각을 해보니 '언제까지고 혼자일 것 같다는' 고독감이 스며온다. 하강하는 비에 대한 상상력으로 인해 한 인간의 존재로서 자신을 인식하게 된 것이다. 하이데거는 인간에 대해 '세계 안으로 내 던져진 존재'라고 하였다. 따라서 이 시에서 화자는 '세계-내-존재'로서 자기의 존재를 이해하고, 다른 것과의 관계를 인식하면서 본래의 자기를 깨닫게 된다. 화자는 "혼자 울어본 것 외에 나에게 솔직한 것도 없었다"고 고백한다.

혼자 우는 행위는 몸으로 소통의 통로를 찾는 몸부림이다. 시인은 시라는 언어를 통해 자신의 언어를 찾고, 자신의 존재를 인식해가고 있다. 그런데 화자는 "첫 페이지 넘길 힘 한참을 몸 구석구석 뒤적여야 나올 것 같다"고 한다. 여기에서 지금은 완전하게 자신을 찾지 못했지만 화자는 자신의 존재와 만나고, 자신의 언어를 통해 아름다운 순간을 만날 것을 기대하고 있음을 짐작하게 된다.

▢ 4 ▢

우리의 일상은 되풀이 된다. 그리고 우리는 그 일상의 한복판에 살고 있다. 그런데, 누구도 그 일상을 벗어나기 어렵다. 이는 일상이 인간이 실존하는 터이자 삶의 토대이기 때문이다. 부정하거나 망각할 수 없는 일상에서 시인은 무엇을 추구하는지, 어떠한 상상력으로 시적 이미지를 만들어 내는지 살펴보자.

그대 사랑 가졌어요
그대 사랑 삼키었지요

부른 배 그러안고
스르르 잠이 들었어요
그대 사랑 내 살과 섞이어
포만감이 사라질 때
그대도 까마득 잊었답니다

처음부터 그대의 몸 탐했어요
그대 세포들로 다시 태어나는 꿈

많이 아팠나요
내 안의 그대

—「사마귀」 전문

이 시에서 화자는 "그대 사랑 가졌어요/ 그대 사랑 삼키었지요"라고 진술한다. 여기에서 화자는 암컷 사마귀의 대행자다. 이 시에서 동족을 포식하는 사마귀의 속성을 포착하고 있다. 사마귀는 짝짓기 후에 암컷이 수컷을 잡아먹는다고 한다. 사마귀는 피비린내 나는 짝짓기 즉 파멸적인 사랑의 습성을 가진다. 산 채로 뜯어 먹힐 가능성이 높은 목숨 건 사랑의 결과로 '그대 세포들로 다시 태어나는 꿈'을 꾸게 된다. 사마귀의 수컷 카니발리즘은 자손을 더 많이 남기기 위한 냉정한 투자라고 한다. 사랑을 위해 목숨을 걸고, 자신의 몸이 번식을 위한 최상의 대가인 셈이다. 그렇게 어리석으면서도 효율적인 것인 행위가 얼마나 아이러니컬한가. 이렇게 이율배반적인 사랑에 대하여 '얼마나 아팠나요'라고 묻는다. 이는 물음이 아니라 그 고통을 충분히 시인한다는 진술이다. 원래 사랑은 고통이 따른다고 한다. 사랑하는 대상을 먹고 싶은 욕구는 그 대상과 하나가 되고 싶은 간절함의 토로다. 그렇다면 '내 안의 그대'는 어떠한 의미일까? 이는 바로 주체와 객체가 합일되는 사랑의 완성이다. 인간의 감정에서 가장 원초적인 것이 사랑이다. 시인은 사마귀라는 사물에 대한 상상력을 통하여 세계 내에 던져진 존재로서 고통을 초월하여 인간의 가장 본질적인 감정인 사랑의 완성을 꿈꾸는 이미지를 창조해내고 있다. 이러한 사랑의 아픔과 아름다움은 시 「별리」, 「진달래」, 「코스모스 1, 2」, 「사랑 하나」, 「꽃다지」, 「낙엽」, 「사랑은」 등에서도 표출된다.

한편, 시인은 일상에서 자신에게 물음을 던진다. 닳고 닳은 물음이지만 그는 시라는 언어를 통해 자신에게 "나는 어떻게 살 것인가"를 묻는다.

> 품이 얼마나 넉넉했던가
> 마른 대지는 아끼던 생명수를 내주었다
> 하얀 살덩이에 욕망을 가득 채우고
> 뒤돌아보지 않은 채 하늘 향해 춤추었다
>
> 알아채지도 못하던 어느 날
> 뿌리 채 뽑혀 푸른 머리채 잘려나가고
> 예리한 칼끝에서 삶이 조각나 흩어졌다
>
> 이제야 알았다
> 이 몸, 목마른 바람에게라도 내어주어야 한다는 것을
> 껍질 속 가득한 오만 꼬들꼬들 줄여

가벼워져야 한다
한 줄 시로 남아야 한다
―「무말랭이」 전문

이 시에서 화자는 무말랭이의 모습을 통하여 자신의 삶을 반추해내고 있다. 마르쿠스 아우렐리우스는 그의 명상록에서 인생의 목적을 알지 못하면 내가 누구이고, 세상이 무엇인지 알 수 없다고 한다. 뿌리박고 있는 마른 대지는 아낌없이 생명수를 내주었다. 그러나 화자는 땅 속 깊은 곳에서 뿌리를 내리고 '하얀 살덩이에 욕망만 가득 채'웠다. 무의 푸른 잎이 하늘을 향해 오만스럽게 춤을 추었을 뿐 생명의 원천은 잊고 있었다. 그런데 화자는 "알아채지도 못하던 어느 날/ 뿌리 채 뽑혀 푸른 머리채 잘려나가고/ 예리한 칼끝에서 삶이 조각나 흩어졌다." 이러한 고통과 충격을 받은 후 "이제야 알았다"고 한다. 비로소 내 안에 내가 있음을 발견하게 된 것이다. 자신의 사유 속에 가득 찼던 오만을 "꼬들꼬들 줄여/ 가벼워져야 한다"고 선언한다. 여기서 '한 줄 시로 남아야 한다'는 구절에 주목할 필요가 있다. 한 줄의 시를 쓰기 위해서는 깊은 밤에 고뇌를 해야 한다. 한 줄의 시로 남겠다는 의지의 표명은 고뇌하는 인간으로서 내가 누구인지 어떻게 살 것인지 성찰하겠다는 뜻을 내포하고 있다.

시인은 일상에서 빚어지는 갈등과 아픔, 욕망을 내려

놓고 싶어 한다. 이는 「노각」이라는 시에서 표출된다.

> 한 생을 늙어
> 마무리할 수 있다면
>
> 독을 품지 않고
> 싱거운 물로 채운
> 거친 껍질 속에
> 살면서 모아 놓은
>
> 순한 향기 담아
>
> 한 생을 저리
> 옹골지게 채울 수 있다면
>
> -「노각」 전문

이 시에서 화자는 늙은 오이를 바라보면서 어떻게 살아야 할지를 상상한다. 화자는 "한 생을 늙어/ 마무리할 수 있다면"이라고 가정한다. 노각은 늙어 고운 황금빛을 띠면서 속은 맑은 물로 가득 채운다. 물은 다양한 속성을 가지면서 상상력을 촉발시킨다. 화자는 '독을 품지 않고/ 싱거운 물'로 자신을 채우고자 한다. 온몸을 싱거운 물과 같이 순함으로 채우고자 한다. 화자는 그 순함에 생명의 순수성을 투영시키고자 한다. 장자는 '명경지수'라 하여 '성인의 마음이 맑으면 그것은 하늘과 땅의 거울이 되고 만물의 거울이 된다.'고 한다.

일상이란 '독을 품지 않고' 살기가 쉽지 않다. 그럼에도 불구하고 화자는 앞으로의 삶을 '싱거운 물' 즉 삶의 독을 모두 빼낸 물로, 순한 향기까지 더 하여 옹골지게 채우고 싶다. 이 시는 물의 부드러움과 순수성의 상상력을 바탕으로 심리적 정서에 반응을 일으킨다. 또한 시인은 「낡은 옷 같은 사람이고 싶다」라는 시를 보면 어떠한 삶을 지향하는지가 나타난다. 이 시의 화자는 "퇴근 후 습관처럼 손이 가는 옷/ 그런 편안함", "떼려야 뗄 수 없는 사이", "닳아지는 동안 얼룩도 바람도 머무는/ 늘어난 품 같은 사랑", "그리움 고이는 누군가의 새벽"이고 싶다고 한다. 이처럼 시인은 글쓰기를 통해 인간의 진실, 내면의 세계를 탐색하고자 한다.

임영선 시인은 시 「시가 말을 건네다」에서와 같이 '아픔으로 빚어낸 시'를 출산한 아기처럼 소중히 여긴다. 그리고 깊은 밤 '잠과 잠 사이'에 깨어 시를 쓴다. 그가 시를 쓰는 행위는 삶에 대한 고뇌와 성찰이며 사물에 대한 몽상이다. 시인의 끊임없는 상상력은 "다시, 언어가 걸어온다/ 자궁 문을 두드린다"처럼 시의 언어가 되어 새로운 생명을 얻게 된다. 임 시인은 아직 젊다. 시 쓰기에 몰두하는 시인이 앞으로 자연과 사람 그리고 삶, 그 속에 던져진 존재를 상상력으로 어떻게 내밀하게 기호화하는지 기대된다.

임영선 시집

대낮의 꿈이 꽃잎에 머물다

초판 인쇄 2022년 10월 10일
초판 발행 2022년 10월 15일

지은이 임영선
펴낸이 강신용
펴낸곳 문경출판사
주 소 34623 대전광역시 동구 태전로 70-9 (삼성동)
전 화 (042) 221-9668~9, 254-9668
팩 스 (042) 256-6096
E-mail   mun9668@hanmail.net
등록번호 제 사 113

ⓒ 임영선, 2022

ISBN 978-89-7846-797-1 03810

값 12,000원

* 무단 복제 복사를 금함
* 잘못된 책은 교환해드립니다.